1 MONTH OF
FREE
READING

at
www.ForgottenBooks.com

By purchasing this book you are eligible for one month membership to ForgottenBooks.com, giving you unlimited access to our entire collection of over 700,000 titles via our web site and mobile apps.

To claim your free month visit:
www.forgottenbooks.com/free1303144

ISBN 978-0-428-68110-4
PIBN 11303144

LE TRAITÉ NUL,

Opéra en un Acte,

Paroles De M. Marsollier,

Dédié à Madame

SAGERET

Par

P. GAVEAUX,

Auteur De la Musique,

Représenté, pour la Première fois, Sur le Théâtre Feydeau, le 25. Juin 1797. —

Gravé par M.me Brunet.

Prix 36.^h

N.^a Les partus se vendent Séparément Prix 24.^H On trouve aussi l'Ouverture détachée du dit opéra
à Grand Orchestre Prix 7.^H10.^s à paris, à la Nouveauté. Chez les Frère Gaveaux au Magasin
de Musique et D'instrument, Cordes de Naples, Brochure des Théâtres. Font des Envois dans
les Départements, et chez l'Etranger. Passage du Théâtre Feydeau N.º 12. et 13.

(N.^a) Enregistré à la Bibliothèque Nationale.

$7 \text{ m. } 2 \, 7 \, 2 \, . \, 2 \, 5$

allen a. Brown

aug. 14, 1894

À Madame Sagezet.

MADAME ,

De tous les Arts en général, celui de la Musique ayant paru depuis longtems fixer votre attention, Permettez moi de vous offrir mon TRAITÉ NUL Opéra comique en un acte, qui a déjà obtenu plusieurs fois les suffrages d'un Public toujours indulgent à mon égard.

Souffrez donc aujourd'hui MADAME, que votre nom soit placé en tête de mon ouvrage, car c'est à vous que je suis jaloux de le dédier, persuadé d'avance que si ma musique a le bonheur de charmer un moment vos loisirs je me sentirai trop heureux d'avoir pu y contribuer un seul instant.

C'est avec la plus parfaite considération que je vous prie de me croire

MADAME

votre très humble et obéissant serviteur

P. GAVEAUX.

PERSONNAGES	ACTEURS.
SIMONIN, riche Fermier des environs.	M. JULIET.
MATHURINE, riche habitante du village.	Mad. VERTEUIL.
DULIS, Neveu de Simonin et amoureux de Pauline	M. JOUSSERAND.
PAULINE, Fille de Madame Mathurine.	Mlle ROLANDO.
JEANNETTE, Filleule de Mad. Mathurine.	Mlle CAMILLE.
GROSPIERRE, Garçon de Ferme et amoureux de Jeannette.	M. LESAGE.
UN AVEUGLE, Joueur de hautbois.	M. LEGRAND.

La Scène se passe dans un village, aux environs de Paris.

OUVERTURE

Andante Gratioso

Ir VIOLON

2d VIOLON

ALTO

BASSE

Hautbois *solo*

1re Clarinette

2e Clarinette

Fagotti

6

Andante con moto

6

6

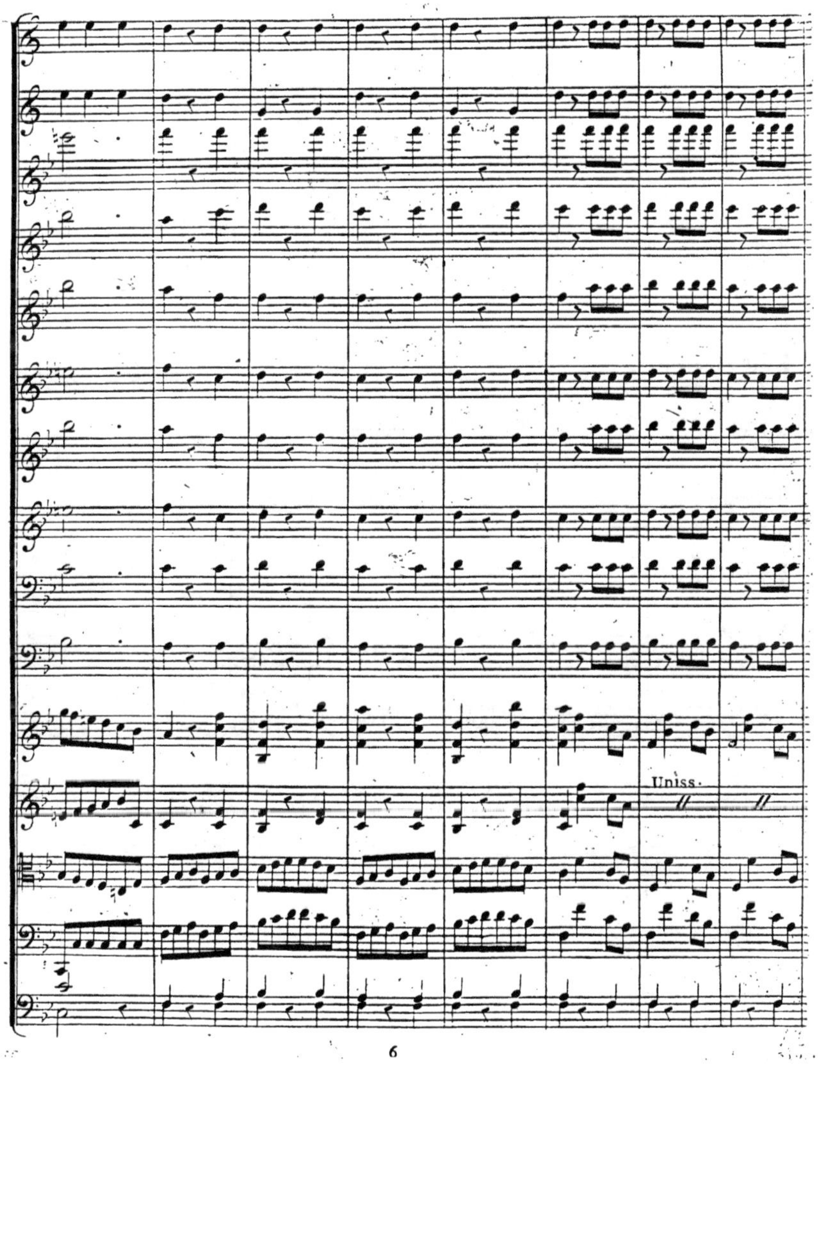
Uniss.

6

Basson seul

Fagotto *solo*

6

22.

6

Pressé

6

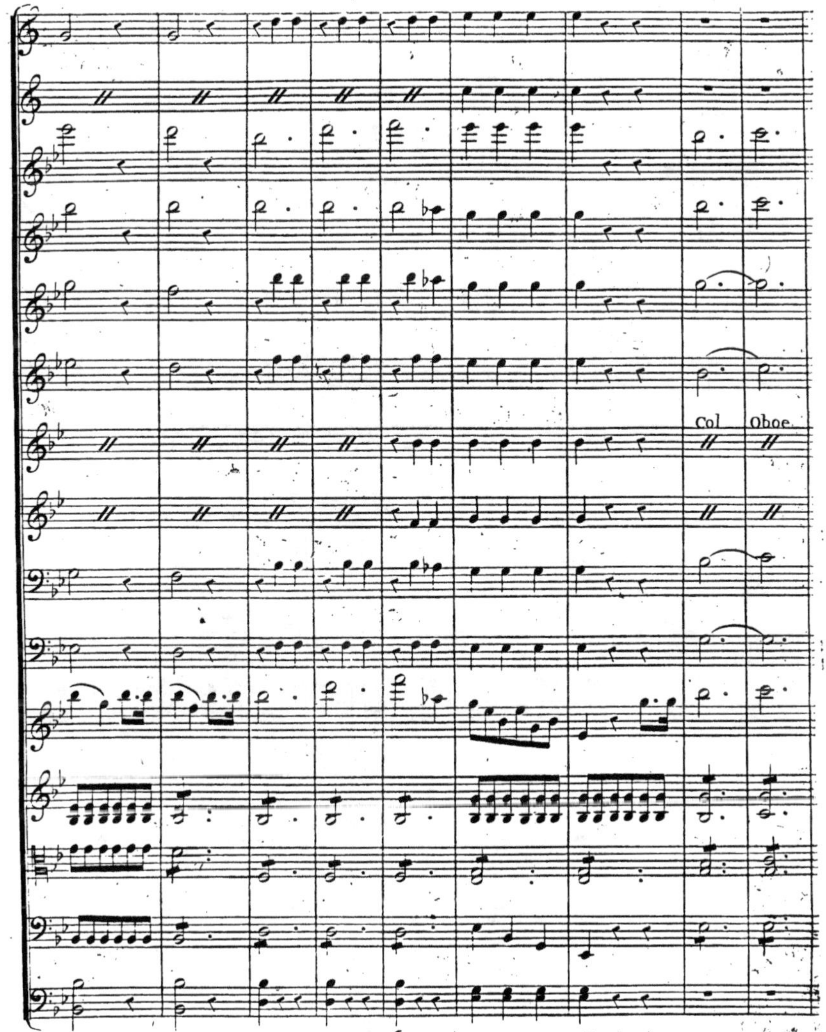
Col
Oboe

6

LE TRAITÉ NUL.

Le Théâtre représente le dehors d'un Village, la maison de Mathurine sur la gauche, avec une Fénêtre a droite, un grand Arbre, le Village au fond.

SCÈNE Ire

MATHURINE seule (filant à sa porte)
Monsieur Simonin, ce riche fermier, qu'est établi à quelques lieux d'ici, aime Pauline et veut l'épouser, il n'y a pas a balancer, c'est une enfant charmante que Pauline! ce n'est pas parce qu'elle est ma fille, mais depuis qu'alle est revenue, de Paris, cela lui a donné un maintien!... une tournure!... une loquence!... oh! les filles apprennent de bien belles choses à paris! aussi dès que les jeunes gens l'ont vue de retour, c'etoit a qui lui feroit sa cour, des éloges! des rubans! des chansons! mais j'étois là, j'étois ici j'étois partout..... (elle se lève)

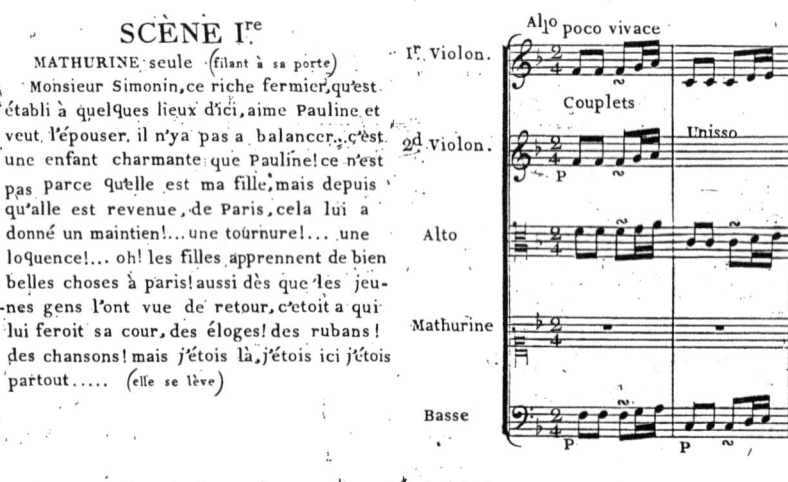

...tier dif.fi...ci...le d'el'...ver des fil...les de quinze ans!

pour écar...ter tous les a...mans, il faut ê.tre bien a...gi.le! il faut

être bien a...gi...le! pau.vres pa...rens!

cres F P

faut si peu de tems!.mon dieu, mon dieu, il en faut si peu mon dieu, mon dieu, il en faut si

peu il en faut si peu il en faut si peu il en faut si peu! envain disons nous par pru-

-den-ce, q'lès amou-reux sont pis q'dès loups;

si l'Amour parl' en mêm' tems q'nous l'A _ mour s'ra

cru de pré _ fé _ ren _ _ _ _ _ _ ce si l'Amour parl' en mêm'

tems q'nous l'A _ _ mour s'ra cru de pré _ fé _ ren

cres

F   Unisson

... _ce._   l'A _ mour s'ra cru de pré _ fé _ ren _ _ ce._

cres   FF

2ᵉ.Couplet Quand u _ ne fille est en mé _ na _ ge, un' mer' ne doit plus s'en _ mé _

P

_ ler;   c'est au ma _ ri _ _ d'la sur veil _ ler,   si   d'elle il prend quelqu'om _

Violon   Alto

_ brage, si   d'elle il prend quelqu'om _ bra _ _ ge.   F   F

6

E _ poux pru _ dents, faut si peu de tems! mon dieu, mon dieu, il en faut si

peu! mon dieu, mon _ dieu, il en faut si peu! il en faut si peu! il en faut si

adlibitum · tempo I°.
peu! il en faut si peu! fait' vous ai _ mer, v'là tout' la sci _ en _ ce; car, malgré

Violon
vos port', vos ver _ roux, F si l'Amour frappe en mêm'

tems q'vous, on l're_ce_vra de pré_fé _ ren _ _ _ ce. si l'Amour

frappe en mêm' tems q'vous, on l're_ce_vra de pré_fé _ ren _ _ce.

Violon
on l're_ce _ vra de pré_fé _ ren _ _ce. F

6

36 Au reste, je n'aurai plus d'inquiétude;ce sera l'affaire de Sim:.....mais n'est-ce pas lui?non,c'est Jannette,ma filleule,et Grospierre,notre garçon de fer^me, ils sont malins tous deux,mais je le sis autant qu'eux;ils épient,ils écoutent;ils voudroient bien savoir à qui je marie Pauline,pour le dire... à elle d'abord,et tout le village après.ouidà,et ça n'auroit qu'à manquer..... les voici;tâchons de nous en défaire (elle se remet à filer)

SCÈNE IIe

MATHURINE,JEANNETTE,GROSPIERRE,
GROSPIERRE à Jeannette,bas.
Parle-l'i.

JEANNETTE.
Ma fine,je n'ose pas;parle-l'i toi même....ne va pas la fâcher pourtant;elle ne nous marieroit plus.

GROSPIERRE bas.
N'aie pas peur.(haut) eh bien,not'bourgeoise. v'là donc le jour où nous saurons stilà que vous destinais à Mlle Pauline?

JEANNETTE.
Vous allais nous le dire pas vrai,ma marraine?

MATHURINE souriant.
Eh!peut-être ben...(sérieusement) peut-être ben qué non

GROSPIERRE étonné.
Ha,ha! pourquoi ça donc?

JEANNETTE.
Il faut pourtant que je le sachions, puisque c'est aujourd'hui....que tout le monde,...

MATHURINE.
Oh! ça c'est juste! et dès que tout le monde le saura.....

GROSPIERRE riant.
Dès que tout le monde!... ben obligé de votre confiance,madame Mathurine; (à Jeannette) c'est flatteur tout-à-fait;qu'en dis-tu,Jeannette?

JEANNETTE avec ironie.
Moi,j'en sis touchée, que je ne pouvons pas trouver d'expression...faut pas le dire à par-sonne au moins, Grospierre.

GROSPIERRE.
Oh!non,diable! quand on m'a confié un secret, je me ferois plutôt...vous avez bien fait pourtant de nous conter tout franchement ce qui en est, not' maitresse,parce que nous aurions pu jaser....sans savoir...dire,par exemple,que vous étiez femme à prendre pour Pauline le plus vieux,le plus maussa-de du canton,pourvu qu'il fût le plus riche;un M.Si-monin,par exemple;j'aurions pu dire tout ça..... mais à présent si je jasions,ce seroit bien malice à nous,puisque vous avez bien voulu nous confier vos intentions,que je vous avons promis de n'en parler à personne,et que je vons tout de ce pas vous tenir

notre parole.(revenant) ça fait aussi que quand vous aurez comme ça quequ'secret d'importance,vous n'manquerez pas de nous les communiquer.... ça entretien l'amiqué pas vrai,madame Mathurine?

MATHURINE.
Sans doute.

GROSPIERRE revenant.
Et l'estime?...

MATHURINE.
Je le crois.

GROSPIERRE revenant.
Et la reconnoissance?

MATHURINE impatientée.
En voila assez.

GROSPIERRE.
Adieu,madame Mathurine

JEANNETTE.
Adieu,ma marraine. (ils sortent en riant)

SCÈNE IIIe

MATHURINE seule.
Adieu,adieu....ah,ah! ils ont deviné,et vont peut-être...par dépit...eh! qu'est-ce que cela me fait après tout?ce ne sont pas eux qui pourroient faire manquer mon projet;je ne crains qu'un ne-veu de Simonin,bien aimable,à ce qu'on dit,et que ma fille auroit pu préférer si elle l'avoit connu;tout sera terminé avant qu'elle puisse le voir;et quand elle sera sa tante,il n'y aura plus à s'en dédire v'là M.Simonin.

SCÈNE IVe

MATHURINE, SIMONIN.
SIMONIN.
Vous m'attendiez?

MATHURINE.
Pour un amoureux,vous n'êtes trop empressé.

SIMONIN.
Le cœur n'a pas vieilli,madame mathurine; mais les jambes....

MATHURINE.
Ne palais pas de ça....vous êtes droit comme une jeunesse.

SIMONIN.
J'ons pourtant 20 ans de plus que vous;mais n'im porte;tel que je suis,me v'là j'ai de l'amour,de l'ar gent;j'arrive un peu tard au rendez-vous;(riant)maf enfin j'arrive,et peut-être y resté-je aussi long-tems qu'un autre,lorsqu'une fois j'y suis arrivé.(il rit)

MATHURINE riant aussi.
Eh ben quand je vous le disois....mais parlons sérieusement: vous aimez Pauline?

Simonin quel bien, a _ vez vous?

vingt mille é _ cus, la

vingt mille écus, comp_tant?

chose est sù_re.

oui tout au _ tant, je

Col Basso

_sus. quel bon par _ ti! vingt mille é _cus! je ne comp _ tais pas la des _sus. je ne comp_

_sus. el' ne comp _tait pas la des_ sus.el' ne comp _ tait pas la des _sus. el' ne comp_

_tais pas la des _ sus. je ne comp_tais je ne comp_tais... pas la des _ _ _

_tait pas la des _ sus.el' ne comp_ tait el' ne comp _tait pas la des _ _ _

cres

_sus je ne comp_tais pas la des_sus.

_sus el' ne comp_tait pas la des _ sus.

vous voulez que j'sois

PCol la voce

Col Basso

son E _ _ poux; mais a Pau_lin; que don _ nez vous?

dix mille e _ _

soli

cus; la chose est sû re joyeux dix mille écus vrai ment

oui tout au tant je vous le ju re oui tout au quoi tout au tant

tant, oui tout au _tant, oui tout au _ tant, oui tout au _tant, oui tout au _

quoi! tout au _tant? _ quoi! tout au _ tant?quoi!tout au _ tant? quoi! tout au _

_ tant, oui tout au _tant, dix mille é _ cus. oui tout au _ tant, dix mille é _ _

_ tant? quel bon par _ ti! dix mille é _ cus! je ne comp_tais pas la des__

44

.cus. il ne comp.tait pas la des . sus. il ne comp . tait il ne comp . tait pas

.sus. je ne comp.tais pas la des . sus. je ne comp . tais je ne comp . tais pas

la des _ sus. il ne comp.tait il ne comp.tait pas la des _ sus.

la des _ sus. je ne comp.tais je ne comp.tais pas la des _ sus.

6

vous avez donc vingt mille e _ cus, et vous en fai _ tes

non, dix mil _ le pas da _ _ van _ ta _ ge; dix mille dix mil _ _

le par _ ta _ ge?

corni

mort, je lui des ti — ne.   rien.   rien.   rien.

et de vot' vi — vant?.   rien?   rien?   rien? oh! vraiment,

a - près ma   mort, je lui des -

vous l'entendez bien! a - près vot' mort, tout à Pau - li - ne,

6

vous: dé _ ci _ dez   vous: dé _ ci _ dez   vous: dé _ ci _ dez   vous: dé _ ci _ dez

je n'en ferons rien, non, non, non, non, je n'en ferons rien, non, non, non, non, non, non, non, mor _

vous: j'ny chan _ ge _ rons   rien.   rien.   rien.   rien.   rien.   rien.

_gue, je n'en fe _ rons   rien.   rien.   rien.   rien.   rien.   rien.

peut on a - voir un tel ca - pri - ce? peut on a -

- pri - ce? peut on a - voir un tel ca - pri - ce? peut on

a - voir un tel ca - pri - ce? peut on a - voir un tel ca - price?

a - voir un tel capri - ce? peut on a - voir un tel capri - ce?

cres

cres

cres

il s'atten - drit, ⎯⎯⎯ il va cé - der. il s'atten -

faut il fuir, ⎯⎯⎯ faut il cé-der? faut il

_drit, il va cé-der. il s'atten-drit, il va cé - der. ⎯⎯⎯

fuir, faut il cé-der? faut il fuir, faut il cé - der? ⎯⎯⎯

Col Basso

(haut)

Pau.

(haut)

he bien, j'en fais le sa.cri-fi.ce; je le vois, il   faut vous cé - der.

Col Basso

Allº. poco vivace.

Col Basso

F

F

F

F

-lin' merit' le sacri-fi.ce, et vous fait' bien de   me cé - der.   (joyeux comme deux
                                                                      personnes qui sortent
                                                                      d'un grand embarras.)

F

6

allons, mor‿gué! plus de que‿relle;
c'est affair' fait, et touchez

allons mor‿gué plus de que‿relle
c'est affair' fait' et touchez

la...   la v'la; la vot'...   c'est affair' fait'et touchez la vot' main   la

la..vot' main.   ·la v'la c'est affair' fait'et touchez la   la v'la la vot'

v'la ah! quel plai _ sir je sen _ tons la! ah! quel plai _ sir je sen _ tons

ah! quel plai _ sir je sen _ tons la! ah! quel plai _ sir je sen _ tons

(à part)

la! la fi ne mouch'que v'la! la fi ne mouch'que v'la! c'est affair' fait' et touchez

la! la fi ne mouch'que v'la! la fi ne mouch'que v'la! c'est affair' fait' et touchez

SIMONIN.

Il faut que cela soit baclé drès aujourd'hui.

MATHURINE.

Drès tout-à-l'heure;et je vais de ce pas...

SIMONIN.

Mais encore faut-il que Pauline sache...

MATHURINE.

Bon! les mères savent,et les filles épousent.

SIMONIN.

Et puis les maris sont...

MATHURINE. vivement

Heureux. allais,laissez-moi faire;quand je lui aurons dit que je veux qu'elle vous aime...

SIMONIN riant.

Elle m'en aimera un peu moins,j'savons cela.

MATHURINE.

Vous craigniais donc qu'elle ne fasse quelque difficultés?

SIMONIN.

Oui,ma fine,je le crains.

MATHURINE.

Eh bien,moi qui ne disons rien,j'ons peut-être plus de sujet de craindre que ça ne manque de votre côté.

SIMONIN.

Comment?

MATHURINE.

Est-ce qu'on n'est pas venu me dire confidemment:M. Simonin a un neveu....»

SIMONIN.

Pardine,ce n'est pas un mystère....et un ben gentil garçon même.

MATHURINE riant.

Il aime beaucoup ce neveu....

SIMONIN.

C'est tout naturel,et il me le rend bien....ou il auroit tort.

MATHURINE.

Il est de droit son héritier.

SIMONIN.

Oh! oui, jusqu'à ce que par nous mêmes... ça s'entend..

MATHURINE.

Et l'on a ajouté que s'il venoit à savoir vot' mariage,il feroit tout pour vous engager à le rompre.

SIMONIN.

Oh! pardine,je l'y conseillerions.qu'il se marie lui tant qu'il le voudra,je ne l'en empêcherons pas;c'est bien le moins que j'aie le même droit. Je l'ai placé à Paris;il a fait son chemin,il est devenu un Monsieur;qu'il y reste.mais il n'a ni le pouvoir ni l'envie de s'opposer à mon mariage; et s'il s'en avisoit,il n'y a amiquié qui tienne ; j'épouserois Pauline en sa présence, et je l'y dirions avant la fin de l'année: monsieur mon neveu, embrassez votre cousin.

MATHURINE.

C'est parler en homme,ça!...mais ça ne suffit pas pour me rassurer... car ce neveu ce sont toujours les voisins qui jasent,ce neveu n'auroit qu'à arriver au moment qu'on s'y attendroit le moins; prier, pleurer, caresser son oncle: celui-ci, par foiblesse

SIMONIN.

C'est impossible.

MATHURINE.

Je le crois,mais enfin...que voulez-vous ? j'ai peur,vous avez peur aussi: tenez, faut faire quelque chose pour nous garir de ce mal-la; convenons que si l'obstacle venoit de vous ou de votre neveu, Simonin fait un mouvement d'impatience),vous êtes sûr qu'il n'en viendra pas? vous consentez à me bailler dix mille francs·

SIMONIN.

Si l'obstacle vient de moi, ou de mon neveu, dix mille francs?... C'est bien fort.

MATURINE.

Mais puisque vous êtes sûr...et puis,c'est vous prouver le cas que je faisons de votre alliance puisque je vous demandons si cher d'dédommagement.

SIMONIN avec finesse.

Vous êtes trop honête!... mais aussi si ste petite Pauline... qui vous obéit toujours, s'avisoit aujourd'hui

MATURINE vivement

Dix mille francs de même, c'est juste.

SIMONIN.

Je n'ons plus rien à répondre... v'la un drôle de traité!... mais vous le voulez?... il faut donc aller chez le Notaire rédiger ça... en façon d'acte

MATHURINE.

Oui, je ferons chacun notre convention par écrit

SIMONIN.

Et que je signerons tout de suite?...

MATHURINE

C'est ça!... Jeannette. (elle appelle)

SCÈNE V.

LES PRÉCÉDENS, JEANNETTE.

MATHURINE.

Que fait Pauline?

JEANNETTE.

Elle lit, madame Mathurine.

MATHURINE.

All'ne verra pas dans son livre ce que je vais te charger de lui dire.

JEANNETTE.

Ouida!

MATHURINE.

Tu lui diras d'abord... de se parer, de mettre sa robe neuve.

JEANNETTE.

(A part) Ho, ho! (haut) elle l'a, madame mathurine: c'est aujourd'hui fête au village.

MATHURINE.

Et puis après, tu l'i diras... mais non, c'est moi qui me réserve de lui apprendre ste bonne nouvelle. monsieur Simonin, monsieur Simonin! allons chez le Notaire.

SIMONIN.

Allons.

SCÈNE VI.

JEANNETTE seule.

Ah, mon dieu! v'la qui est certain... ils vont chez le Notaire.... une bonne nouvelle, dit m⁴ Mathurine

oh! c'est fini, Pauline est sacrifiée.... Quand elle va savoir ça!... et son jeune amoureux qui vient d'arriver tout exprès pour la voir, et sans que personne le connoisse ici: je comptois qu'all' auroit une surprise, mais ma fine elle va en avoir deux.

SCÈNE VII.

PAULINE, JEANNETTE.

PAULINE.

Eh bien, ma chère Jeannette, tes conjectures étoient-elles fondées?

JEANNETTE.

Que trop: le vieux est venu; votre mère et lui ont causé long-tems ensemble, et puis ils sont allés chez le Notaire.

PAULINE.

O ciel! et Dulis, quand il apprendra....

JEANNETTE.

Le pauvre garçon! c'est singulier pourtant votre aventure avec lui! vous l'avez aimé sans savoir seulement qui il étoit.

PAULINE tendrement.

Il étoit aimable; c'étoit tout ce qu'il m'importoit de savoir pour l'aimer.

JEANNETTE.

C'est vrai; mais il dépend d'une famille que vous ne connoissez pas.

PAULINE avec sensibilité.

Il m'a dit que ses parens étoient riches, et qu'ils ne vouloient que son bonheur. d'après cela, j'ai dû croire qu'ils ne s'opposeroient pas à notre union.

JEANNETTE.

Voilà d'excellentes raisons; c'est dommage que les pères et les mères ne veulent pas toujours s'en contenter... enfin, vous pensez sans cesse à Dulis; vous l'aimez encore.... quoique depuis un mois vous n'ayez pas entendu parler de lui?

PAULINE.

Si je l'aime! écoute, et juge.

COUPLETS

Andante con moto

Cors en mi♭

Clarinettes

Iʳ Violon

2ᵈ Violon

Alto

Alto

Pauline

Basse

cres

cres

cres

cres

Pauline

Souvent la nuit, quand je som_meil_le, je crois le voir à mes ge_

_noux;   tous les ma _ tins   quand je m'é-veil _ le,   je re _ gretteun songe si

doux.   lorsqu'on parle de ma _ ri _ age   je fais   des vœux pour être a lui...ah! dis-

moi toi même aujour-d'hui si l'on peut ai-mer davan ta _ _ ge? ah! dis-

Unisson

fz   *cres*

Col I^a 8^a   *cres*

moi toi même aujour-d'hui si l'on peut ai-mer davanta _ _ ge? si l'on peut ai-

fz   *cres*

mer d'avanta - - ge?

2ᵉ. Couplet — On me vo - yoit près de ma mè - re ri - re tou - jours et fo - là -

- trer; triste à pré - sent et so - li - tai - re, je ne fais plus que sou - pi - rer.

tout me dé - plait dans ce vil - lage depuis que je suis loin de lui..ah!dis moi toi

même aujour - d'hui si l'on peut ai - mer d'avan - ta - - ge? ah! dis moi toi même au - jour-

dhui si l'on peut ai_mer d'avan_ta_ _ge? si l'on peut ai_mer d'avan_ta_ _ge?

cres   cres   F

3ᵉ. Couplet   Je dois pour_tant à la ten_dres_se   un a_veu qui va me coû_

_ter... est_ce une er_reur,   une foi_blesse? a toi je veux m'en ra_por _ter.

Cor

(Jannette souriant a ce moment) hé bien pauline hé bien

_ quand je pense à mon mari_age à ce mo_ment rempli d'ap_pas... mon cœur a _

_lors me dit tout bas que l'on peut ai_mer d'avan_ta _ ge mon cœur a _lors me dit tout

Violon

bas que l'on peut ai_mer d'avanta _ _ge que l'on peut ai_mer d'avanta _ ge.

F

JEANNETTE *courant*
Je n'ai pas été mariée, mais quoique ça, je gagerois
que votre cœur a raison...je gagerois queuque chose..

PAULINE.
Quoi donc?

JEANNETTE.
C'est que votre amoureux pense de même.

PAULINE.
Et il ne vient pas!

JEANNETTE.
Je gage encore qu'il viendra.

PAULINE *émue*
Jeannette!

JEANNETTE.
Peut-être même qu'il est venu.

PAULINE *avec espérance.*
Ma chère Jeannette

JEANNETTE.
Et que si vous voulez m'attendre ici, je pourrois
fort bien ne pas tarder à vous l'améner.

PAULINE *l'embrassant et la repoussant.*
Va donc, ma chère Jeannette; mais tu te trom-
pes peut-être; va toujours, et reviens le plutôt
que tu pourras.   (Jeannette sort.)

SCÈNE VIIIe

PAULINE *seule*
S'il étoit ici, j'espérerois encore; peut-être pourrois-je attendrir ma mère, mais, hélas! je me
flatte en vain.

ARIA
All.° Brillante.

Corni in mi ♭

Clarinetti in si ♭

Fagotti

I.^r Violon

2.^d Violon

Alto

Basse

Col Basso

6

Pauline

A _ mour! a _ mour! j'in _ vo _ que ta puis _ san _ ce,

a _ mour! a _ mour! j'in _ vo _ que ta puis _ _

_san_ce,　　　dai _ _ _ gne voler ———————— à

mon　　se _ cours;　　　dai _ gne vo _ ler ———————

à · mon se _ cours;

c'est à toi   seul   que j'ai re-cours;

ne   trom-pe—pas   ne trom-pe   pas mon es-pé-ran—ce.   ne   trom-pe

Col Basso

Col Basso

pas mon es - pé - - - ran

Clarinette

Bassons

oui, l'as-pect du bon-

-heur, ain-si qu'un trait _____ de flâ . . . me,

vjent pé_né_trer mon â _ _ _ me et cal _ mer ¡ ma dou _ _ _ leur.

oui, l'aspect du bon _ heur, ain _ si qu'un trait de flâ _ me

vient pénétrer mon â_me et cal_mer ma dou_leur.

vient pé - né_trer mon â_ _ me et cal_

mer   ma   dou - leur.   et cal -

_ mer   ma   dou - leur.   a _ _ mour!   a _

cres

mour _____ a _ mour _____ a _ mour a _ mour j'in __

vo _ que ta puis _ san _ ce a _ mour a __

mour j'in — vo — que ta puis — san — ce.

dai — — gne vo — — ler à mon se —

82

ce ne trompe pas mon es-pé -

ran ce ne trompe pas mon es . pé . . . . . ran

Ciel! voici les habitans du village; cachons-leur mon chagrin. (elle s'asseoit sur un banc.)

SCÈNE IX.

LES PAYSANS, GROSPIERRE à leur tête;
UN AVEUGLE qui joue du hautbois; DULIS dans
le fond; PAULINE et JEANNETTE.

GROSPIERRE bas, à Dulis au fond.
Je sommes au fait... les amoureux se devinent;
je sis aussi du métier, moi!

DULIS bas.
j'entends.... tu me serviras donc?

GROSPIERRE riant.
Oui, à charge de revanche (à Pauline.) Mlle Pauline, vous savais que c'est la fête d'ici, et je venions vous chercher pour danser sous le grand orme.

PAULINE, avec un peu d'humeur.
Je vous suis obligée, Grospierre; je ne me sens pas en train.

GROSPIERRE.
V'là pourtant un monsieur qui connoît Mlle Jeannette, et qui dit qu'il seroit ben flatté de danser avec vous.

PAULINE.
Non, non, laisse-moi.

DULIS s'approchant poussé par Jannette.
Pardonnez, Mademoiselle, si j'ai osé espérer...

PAULINE levant la tête.
Ah, ciel! c'est Dulis!

DULIS bas.
Je n'ai pu trouver que ce moyen pour vous parler

GROSPIERRE finement et éloignant Dulis.
Allons, puisque Mademoiselle ne veut pas danser.

PAULINE se levant du banc et courant vers Grospierre qu'elle retient.
Pardonnez moi, Grospierre; Monsieur vient de m'en prier d'une manière.....

GROSPIERRE riant.
Oh, oui, eh bien, c'est bon; v'la qui s'arrange. (Tres haut vers la fenêtre) Vous ne descendez pas madame Mathurine?

JEANNETTE bas.
Elle n'y est pas.

GROSPIERRE bas.
Je m'en doutois... mais c'est pour en être plus sûr.

PAULINE vivement.
Grospierre, je te remercie.

Pas de quoi (bas) mais c'est le diable... la v'la rev'nue (à Dulis.) derrière moi.

MATHURINE, traversant le théâtre.
Ne vous dérangez pas, mes amis.

GROSPIERRE cachant Dulis.
Je n'en avons pas envie, madame Mathurine.

MATHURINE entrant chez elle.
J'ai à prendre quelque chose...des papiers nécessaires; dansais, dansais. j'aime à voir la jeunesse s'amuser.....

JEANNETTE finement.
Oh! nous nous amusons.... (bas) à vos dépens, à vos dépens.

MATHURINE dans la maison.
Fort bien, fort bien.

GROSPIERRE
A la danse; en place.

DULIS bas à Pauline.
Apprenez moi....

PAULINE bas.
Je crains....

JEANNETTE bas.
Tout en dansant.

PAULINE et DULIS.
Bon.

JEANNETTE bas à Pauline.
Ne dansais pas avec lui à cause de votre mère, à qui ça pourroit donner des soupçons. (haut) moi je prends M^r. l'Etranger.

GROSPIERRE.
Et moi mam'selle Pauline... (bas) vous serais en face... (haut) Ah ça, quelle contredanse?

JEANNETTE
La première venue.... pas trop difficile, pour qu'on puisse s'entendre... N'est-ce pas, monsieur?

DULIS finement.
S'entendre! ... oui, sans doute, c'est bien essentiel

GROSPIERRE à un aveugle qui joue du hautbois.
Une ben aisée, ben connue.... savez vous c't'air-la? (il chante l'air de la petite charmante.)

L'AVEUGLE d'abord riant.
C't'air la?... ah, mon dieu!... (sérieusement.) ah, mon dieu, non! que je ne le sais pas, cet air-la.

GROSPIERRE.
En savez-vous quelqu'autre?

L'AVEUGLE riant.
Quelqu'autre? ah, mon dieu! (sérieux.) ah, mon dieu, non! que je n'en sais pas quelqu'autre... c'est que je sis un jeune homme qui commence, et...

6

GROSPIERRE.

Allons M. le jeune homme qui commencez, jouez toujours, nous chanterons avec. vous.

L'AVEUGLE.

M'y v'la. il joue.

Contredanse a huit. au lieu du rond, on se met sur deux lignes, et l'on va en avant et en arrière. Dulis en face. de Pauline, et Grospierre en face de Jeannette. on voit par la fenêtre Mathurine qui passe et regarde un moment.

Dulis allant en avant et chantant l'air de la contre-danse avec Grospierre.

Il est plus coupé de parler a Pauline, que de danser.

Il est essentiel qu'on fasse peu de bruit, pour qu'on entende bien les paroles.

Grospierre et Jeannette, pendant la contredanse, sont toujours en action pour veiller les deux amans.

Les Paysans qui dansent au fond ne forment que des ronds, des moulinets sans faire de bruit.

N°. Pour que les paroles de la contredanse soient entendues, il est necessaire qu'il n'y ait que le premier pupitre qui accompagne.

la

la la la la la la la la la la la

la

la prenez bien

(Dulis de même)

la que me dites vous? dieu que ferons nous la la la la la la la la la la la

la

la

garde, je vous pri-e, car on pour-roit vous re-mar-quer.

(Dulis bas.)

...il faut pour-tant bien s'ex-pli-

(Pauline la prenant
et dansant.)

c'est demain

quer il faut pourtant bien s'ex.pli.quer... quand se fait ce cruel hi.men? ___

qu'un contrat nous li.e.   Si.mo..nin.
(Dulis oubliant qu'il danse)

le nom de l'époux   dieux!c'estmon oncle...
(Dulis présente l'autre main)   (Grospierre craignant que tout se découvre)

a pré.sent la

Col Basso

ta la lala   la la la la la la la
Haut
rien ta la la la   la
ta la la la
Haut
rien ta la la la   la la la la la la la on dit qu'ils ont fait un certain bil_let ta la la la la la la la la

la
la
la
la mettons nous. tous quatre en me_su_re. vous pour pa_rer ce coup fa_tal. vous pour flé-

Grospierre voyant Mathurine, haut)

_chir votre ri _ val   vous pour flé_chir vo _ tre ri _ val.   la tête à gauche, s'il vous

fz

fz P   fz P

fz P   fz P

(Dulis apperçoit Mathurine.)

Mathu_ri _ ne   nous é _ _ cou_

plait: prenez bien garde à la fi _ gu _ _ re. Ma_thu_ri _ ne   nous é _ _ cou_

- toit (Haut)

- toit a vot' plac' et pis v'la qu'est fait.

GROSPIERRE voyant approcher la mère.

Allons danser sous les grands arbres; nous y serons moins gênés qu'ici. (ils vont pour s'en aller : bas a Dulis. suivez les.

MATHURINE finement.

Oui, allez, allez... mais Pauline restera. j'ai à lui parler d'une chose.... qui l'intéresse beaucoup, et qu'elle ne peut ignorer plus long-tems.

DULIS à part.

O ciel!

GROSPIERRE bas à Dulis.

Allais toujours; vous reviendrez quand elle sera partie.

MATHURINE avec un bonté affectée.

Rentre donc, ma fille. Jeannette, suis-la.

JEANNETTE allant vers Dulis.

Nous voulons....

MATHURINE.

Et moi aussi, je veux que vous rentriez, et sur le champ. Pauline... ton mariage... un époux riche...

va, ma fille, m'attendre dans ta chambre; sur-tout qu'on n'ouvre pas cette fenêtre et pour raison.

Elle les force à rentrer, et ferme la porte à la clef.

SCÈNE X.

MATHURINE, GROSPIERRE.

MATHURINE.

Et toi, Grospierre, reste; reste un peu, mon ami, et dis-moi.... cartu sais tout, quel est ce jeune homme qui dansoit avec vous.

GROSPIERRE embarrassé

C'est un jeune homme.... qui dansoit.

MATHURINE finement.

Oui, qui dansoit; mais pourquoi est-il venu danser, ce jeune homme?

GROSPIERRE embarrassé.

C'est qu'il aime... il aime la danse; et puis c'étoit pour me voir; c'est un de mes amis qui passoit.... comme ça en passant, et qui va continuer sa route.

6

MATHURINE le contrefaisant.

En la continuant, et sans parler à d'autres
personnes qu'a toi?

GROSPIERRE.

Oh! non; à qui voudriez vous?....

MATHURINE.

Mais que sais-je c'est que je craignois, parce
qu'on m'avoit dit que le neveu de Simonin étoit
ici, avec finesse mais-je vois que je me suis trompée cela vaut mieux que d'être trompée par les
autres.... adieu mon garçon; adieu, mon petit grospierre; je vais retrouver Simonin, et porter les papiers
pour tout terminer. a part. ah! ce jeune homme-là
n'est pas venu danser ici sans dessein!

SCENE XI.

GROSPIERRE seul.

Mais je commence à craindre qu'elle ne se
doute... les mères sont d'une finesse! oh! oui.

Poco Allegretto

Cors en ut.

Petite flute
seule.

Hautbois seul

Basson seul

Ir. Violon

2d. Violon

Alto

Basse

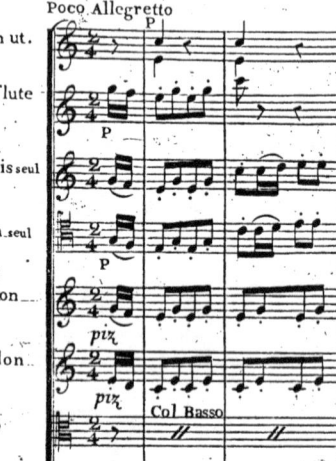

C'est en vain que les amoureux comptent sur le mistère: on

ne trompe ja _ mais les yeux ni le cœur d'u_ne mè _ re.

Col arco

Col arco

Col arco

on   ne trompe ja mais les yeux ni le cœur d'u_ne mè _ re c'est

en vain que. les a.mou reux comp.tent sur le mis tè _ _ re: on ne trompe ja _ mais ja _

col arco

_mais les yeux ni le cœur d'u.ne' mè _ _ _ re. on ne trompe ja_mais ja_

mais les yeux ni le cœur d'u _ ne   mè _ _ re   d'u_ne   mè _ _ re   d'u_ne

mè _ _ _ re

Col V° I°

F

F

F

F

P

P

P

Je sais bien qu'en se_

cret

F

P

solo

P

fz

fz

_cret on glisse un p'tit bil_let que de son pied l'on pres_

fz

sir____ par_fait c'est un plai_sir____ par_fait____ maisla mè_re qu'est ben

cres   PP

fi_ne, sans regar_der____ de_vi_ne, et v'laqu'elle écon_duit le ga_lant, qu'elle écon_

Col Basso

cres

cres

Ha, ha! mon p'tit monsieur....
vous croyez donc...ah! j'en sais
autant que vous :
allez, allez, mon bon

duit le ga_lant, et lui dit et lui dit et lui dit... ami.... c'est

cres

en vain que les a_mou_reux comp_tent sur le mis_tè_re on ne trom_pe ja_

P   piz

6

mais les yeux ni le cœur d'u ne mè re on

Colarco

Colarco

ne trom pe ja mais les yeux ni le cœur d'u ne mè re c'est en vain que les

Colarco

6

a‿mou‿reux comp‿tent sur le mis‿tè‿‿re on ne trom‿pe ja‿mais ja‿

mais les yeux ni le cœur d'u‿ne mè‿‿‿re on ne trompe ja‿mais ja‿

perd sa gai té, et dont souvent l'sein agi te fait soule ver fait sou.le.ver sa cole.ret - - -

.te. la ma.man bientôt s'inqui.ét.te pour sa.voirla véri.té Mam'sel' quoi

Contrefaisant la Vielle

q'ça veut di _ _ re? d'ouvient qu'vot cœur sou_pi _ _re? vous ai _ mez? ne m'mentez

pas,ne m'mentez pas,ne m'mentez pas. hé _ _ _ las hé _ _ _ _ las

c'est vrai dit la pau_vret _ _ te dit la pau_vret _ _ te mais tout bas elle ré_

pette mais tout bas elle ré_pe te elle' répe te. elle ré - - - pe - - - te c'est

C'est-ti pas terrible ça qu'ma
mère...ah, mon dieu! c'étoit si
gentil!..si drôle!.si innocent!...
...mais, helas

6

en vain que les amoureux comp_tent sur le mis_tè_re: on ne trompe ja_mais les yeux ni

le cœur d'u_ne mè_re.   on _ ne trompe ja_

Col *arco*

Col *arco*

Col *arco*

.mais les yeux ni le cœur d'u.ne mè . . re, c'est en vain que les a.mou.reux comp.

Col *arco*

rf

p

rf

rf

.tent sur le mis.tè . re; on ne trompe ja . mais   ja . mais les yeux ni le

rf   *p*

6

cœur d'u_ne__ mè_ _ re. on ne trompe ja_mais ja_mais les yeux ni le

cœur d'u_ne mè_ _ re. d'u_ne mè_ _ re. d'u_ne mè_ _ re.

si ce n'étoit que Mathurine encore! elle est bonne, et l'on pourroit l'adoucir....M. Simonin n'est pas méchant non plus! mais ils sont tous deux si intéressés!

SCÈNE XII.ᵉ

DULIS . GROSPIERRE.

GROSPIERRE.

Ah! voici notre jeune homme; qu'aura-t-il fait?

DULIS.

Je ne puis trouver mon oncle. seroit-il encore chez le Notaire?

GROSPIERRE regardant.

Il n'y est plus...; car il vient de ce côté.

DULIS.

Allons, je vais lui parler; il m'aime, et en lui confiant mon amour, en faisant naître en lui quelques inquiétudes pour le dégoûter de ce mariage...

GROSPIERRE riant.

Pas aisé peut être?..ces barbons! quand une fois, l'amour vous les prend...c'est comme le feu à un vieux batiment, on ne peut plus l'éteindre... essayez toujours, et profitez de l'instant au revoir. (Il sort et Dulis l'accompagne quelques instans.)

SCÈNE XIII.ᵉ

DULIS . SIMONIN sans le voir.

SIMONIN se parlant et content.

Madame Mathurine, lorsqu'elle aura entre les mains l'écrit que j'ai signé, sera ben tranquille, j'espère; et mon neveu (dulis paroît) pourroit venir, qu'elle... mais que vois-je!...quoi!...mais... me trompé-je?.. non, oui...c'est...oh! cela n'est pas possible!

DULIS s'approchant.

Mon cher oncle, je viens....

SIMONIN confondu.

(A part) Il n'est que trop vrai! c'est lui! (haut.) mais que diable venais vous faire ici, je vous prie? dites moi un peu pourquoi, par quel hazard vous vous êtes imaginé de venir ici aujourd'hui?

DULIS interdit.

Vous me confondez: jamais vous ne m'avez reçu de cette manière!

SIMONIN.

Mais c'est que jamais vous n'êtes venu si mal à-propos...(à part) si ce n'est pas un sort...au mo-

ment même où je... morgué! (haut) pourquoi avoir quitté Paris, voyons? pourquoi paroitre ici?..venais vous épier ce que je fais, ce que je dis, ce que je pense? qui vous amène dans ce village, où vous ne connoissez personne? comment! c'est dans l'endroit où je n'habite pas que vous venez me faire visite....heim; répondez à cela?

DULIS.

Je passois, lorsque j'ai su que vous....

SIMONIN vivement et effrayé

Eh bien! quoi? qu'est-ce que vous avez su?

DULIS.

J'ai su que vous étiez ici.

SIMONIN se rassurant.

(A part) Bon, il n'est pas instruit. (haut) et à cause de cela, il falloit tout de suite...(à part) il semble que Mathurine l'avoit deviné. (haut) tu m'as vu, vas-t-en.

DULIS.

Mon devoir......

SIMONIN..

Est de m'obéir.

DULIS.

J'ai à vous parler d'une affaire....

SIMONIN.

Tu me l'écriras; bonsoir.

DULIS.

Vous avez cent fois desiré de me voir marié.

SIMONIN.

Je te chercherai une femme; adieu.

DULIS.

Je ne demande que votre consentement.

SIMONIN le poussant.

Je te l'accorde; bon voyage.

DULIS revenant

Il faut que vous sachiez le choix.

SIMONIN le poussant dehors.

Je l'approuve; au revoir.

DULIS revenant.

C'est une fille bien élevée, sage, riche....

SIMONIN le poussant toujours.

On te l'enlevera... vâ donc vite l'epouser.

DULIS

Si vous la connoissiez!

SIMONIN impatienté

Je ferai connoissance. cours lui annoncer ma visite.

DULIS revenant.

Elle est ici.

SIMONIN étonné.

Ici?

DULIS.

Oui, c'est.....

SIMONIN.

Qui?...

DULIS.

Pauline.

SIMONIN.

Pau...line.

DULIS.

La fille de Madame Mathurine... n'ai-je pas
bien choisi, mon oncle?

SIMONIN.

Très-bien! (bas.) très-mal. (haut) mais comment, mais par quel moyen?...

DULIS.

C'est à Paris que je l'ai vue, et que ...

SIMONIN avec dépit

On l'envoyoit là pour achever son éducation;
elle a bien profité.

DULIS.

Vous avez l'air faché!

SIMONIN.

Non, non... ça ne peut que me faire un plaisir...
A part. j'enrage. (haut.) conte, conte-moi ça.

COUPLETS

Andante con moto

Cors en mi ♭.

Clarinettes en si ♭.

1ᵉʳ. Violon.

2ᵉ. Violon.

Alto.

Dulis.

A Pa _ ris et

Basse

loin de sa mè_ré, je pouvois la voir cha _ que jour là sous le

voi _ le du mis _ tè _ re, nos yeux seuls se par _ laient d'A _ mour:

Col Basso

soli

tri _ om _ phant de sa ré _ _ pu _ gnan _ ce, j'ob _ tins un _ ren _ dez vous se _

Simonin
un rendez-vous!

cret.... ah! mon cher oncle, en cons - ci - en - ce, dites dites-moi n'ai-je

pas bien fait? dites dites-moi n'ai-je pas bien fait? n'ai-je pas bien

Col Basso

fait n'ai-je pas bien fait?

(on parle)

2ᵉ Couplet   Ma Pau_li_ne me dit: je t'aime; elle me le dit sans par_

_ler. timi_de aus_si, je fis de mê_me: elle sen_tit ma main trem_

_bler. sans allar_mer son in_no_cen_ce, un_bai_ser fut pris

Simonin
un baiser!

en se_cret... ah! mon cher oncle,en cons_ci_en_ce, dites dites_

SIMONIN piqué.

On ne peut mieux; de la prudence! des précautions! c'est charmant. (à part) ah! mon dieu, mon dieu, qu'est-ce que c'est que tout ça!

DULIS.

Et quand madame Mathurine va savoir que je suis votre neveu!

SIMONIN très vivement.

Diable! ne vas pas t'aviser de le lui dire; ne t'en avises pas...(à part.) ah! morgué, morgué, comment faire?... l'Amour! le traité! le neveu! si je perds la fille... il faut au moins tâcher de sauver l'argent.

DULIS.

Vous êtes distrait, préocupé, mon cher oncle?

SIMONIN

C'est que j'ai ben du chagrin! il faut l'avouer... et ce chagrin là ....il me vient de toi.

DULIS jouant le sentiment.

De moi!.... moi qui vous aime, j'aurois pu!.... ah, ciel! Dieu! grand Dieu! je me.....

SIMONIN le contrefaisant.

Tu te!.... paix donc paix donc! vas-tu faire la de la tragédie?

DULIS.

Non; mais le regret, le désespoir.....

SIMONIN.

Allons, laisse-là ton désespoir, et ecoute ce rival qui veut te ravir ta maîtresse.... c'est...

DULIS.

Une dupe; c'est claire.

SIMONIN.

Eh bien oui, une dupe c'est ça et ste dupe... c'est moi.

DULIS jouant le desespoir.

Je suis perdu! c'en est fait!...vous mon rival!... vous.... ah!... ah!... ah!...

SIMONIN.

Encore! veux-tu bien....

DULIS

C'est que je suis si fâché! je ne me pardonne pas ....

SIMONIN.

Et moi je veux que tu pardonnes.

DULIS.

Un si bon oncle! je ne puis.

SIMONIN en colère.

Ah ça, veux-tu bien te pardonner tout de suite, ou je te... et laisse moi finir. j'aimois Pauline, je l'aime encore; mais en faisant son malheur et le tien, je n'en serois pas plus heureux, moi; et peut être, au lieu de ça serois-je.....

DULIS avec l'air pénétré.

Oh! oui sûrement, vous seriez bien affecté!

SIMONIN.

A...affecté! ah! tu appelles ça affecté, toi? eh bien oui, je serois... affecté; mais comme j'ne me soucie pas trop d'être... affecté il m'est venu une idée. tout peut encore s'arranger et même me devenir avantageux.

DULIS l'embrassant avec de grands transports.

Quel bonheur!... je... je pourrois... ma joie...

SIMONIN le repoussant.

Tu as là une joie qui est aussi insuportable que ta douleur; tiens-toi donc tranquille, je t'en prie, et écoute bien ceci. je consens à renoncer à mon amour, je veux même servir le tien, mais à une condition expresse; c'est que tu ne diras à personne que tu es mon neveu.

DULIS.

Pourquoi ce mystère?

SIMONIN.

Je l'exige.

DULIS.

Soit: je ne le dirai pas.

SIMONIN.

Il faut encore...sois attentif; ceci est le plus essentiel.

DULIS.

Parlez, je promets tout.

SIMONIN

Il faut que lorsque Mathurine dira à sa fille de me prendre pour époux...elle me refuse, là ben positivement, sans barguigner, et devant tous ceux qui seront là.

DULIS

Rien de plus facile; ce fut de tout tems son intention.

SIMONIN

Tu crois donc qu'elle me hait un peu?

DULIS vivement.

Oh! beaucoup, soyez-en sûr.

SIMONIN

Oui! tant mieux, tant mieux; je suis plus heureux que je ne croyois je me tire d'un mauvais pas; je fais ton bonheur, et Mathurine sera forcée de me payer le billet.

DULIS.

· Quel billet?

SIMONIN.

Tu le sauras....va toujours; tâche de parler à
Pauline; il n'y a pas de tems à perdre; arrange bien
tout, ton mariage en dépend; mais sur toutes choses, point de neveu..qu'alle me refuse en présence de
témoins, et quand vous serez convenus de vos
faits, tu viendras me retrouver. adieu (avec dépit) mon
cher neveu; tu es un charmant fripon; va: mais si
ce n'étoit la nature... je te donnerois au diable de
bon cœur. (il lui donne un petit soufflet et sort.

SCÈNE XIV.

DULIS seul.

Convenir de nos faits.... pour cela, il faudroit
pouvoir lui parler... comment y réussir? la porte
est fermée; sa mère lui a défendu.... elle ne sait
pas que je suis ici: essayons par quelque moyen
de m'en faire entendre.

ROMANCE
Andantino

Cors
en la

Flute

Bassons

I^r Violon

2^d Violon

Un a _ mant sen . sible et dis _ cret, les yeux fix-

-és sur la fe nêtre de celle qu'il aime en se cret, croit toujours qu'elle va paroi _ tre.

Col Basso

un ha ı zard, dit ce tendre a _ mant, peut a _ me _ ner ma bien _ ai _

méc, regardons bien ... regardons bien ... mais quel tourment! la fenêtre res-

-te fermé - e la fenêtre res-te fermé - - e.

6

hé-las! je suis bien malheu - reux: en vain je gé - mis, je l'ap-

-pel le; amour, tu re - jet-tes mes vœux; je te suis pourtant si fidel - le!

sans pi _ tié pour un tendre a _ mant, tu lui ra _ vis sa bien-ai _ mé _ e.

cres

dis-lui du moins.... dis-lui du moins... Amour m'en_tend la fenêtre n'est

Pressez le mouvement

plus fermé _ _ e la fenêtre n'est plus fer _ mé _ _ _ _ e

(Pauline ouvre la fenêtre.)

SCÈNE XV.

PAULINE, JEANNETTE, DULIS

DULIS.

Ah! c'est donc vous, ma chère Pauline?

PAULINE.

Vous avez vu votre oncle: qu'avez vous obtenu de lui?

DULIS.

Plus que je n'osois espérer.

JEANNETTE.

Comment! Simonin.....

DULIS.

Ne veut qu'une chose très aisée... c'est qu'on ne me connoisse point ici pour son neveu.

PAULINE.

Je vous promets le secret.

JEANNETTE.

Je ferons plus, je le tiendrons: ensuite?....

DULIS.

Ensuite, il exige que s'il est question de mariage avec lui, vous le refusiez... que vous disiez publiquement que vous ne le voulez pas pour époux.

PAULINE

Je vous aime: comment pourrois-je dire autrement? mais j'apperçois ma mère.

DULIS.

Et vous, n'oubliez pas ·····

JEANNETTE.

Non, non, Simonin n'est pas votre oncle, Pauline ne veut pas être sa femme... c'est entendu. (Elles rentrent dans la chambre et ferment la fenêtre.)

SCÈNE XVI.

MATHURINE, ensuite PAULINE et JEANNETTE.

MATHURINE revenant du dehors.

On referme la fenêtre; ils causoient ensemble.. il y a de l'intelligence... mais c'est qu'il ressemble beaucoup au portrait qu'on m'a fait de ce neveu, et si par hazard Pauline l'avoit trouvé à son gré, ça ne laisseroit pas que d'etre embarrassant. (elle appelle.) Pauline, Jeannette.

(Elles répondent.)Nous voila.

MATHURINE.

Descendez, (elles sortent.)N'ons-je pas vu là un jeune homme qui rôdoit?....

JEANNETTE feignant.

Un jeune homme! c'est peut être celui qui étoit tantôt à la danse?

MATHURINE avec une bonté affectée.

Peut-être bien, il a une assez bonne phisionomie.

JEANNETTE finement.

Ah! je ne nous connoissons pa à ça... comme vous, Madame Mathurine.

MATHURINE.

Et toi, ma fille, comment l'as-tu trouvé?

PAULINE embarrassée.

Mais...,.. ma mère.

MATHURINE riant.

Il est un peu plus aimable que Simonin, pas vrai?

PAULINE

Il est un peu plus jeune.

MATHURINE.

Et il auroit été plutôt aimé?

JEANNETTE riant.

Dame! écoutais donc......

MATHURINE riant aussi.

C'est p't'être déjà fait?

JEANNETTE.

Non, j'aurions attendu votre parmission pour ça: mais si vous vouliez nous la bailler, que sait-on? je pourrions ben vous avoir obéi... d'avance.

MATHURINE

Oui! ha, ha!...... j'entends, et je voudrois ben..... oui, je le voudrois ben.....(sérieusement.) le malheur, c'est que j'ons donné ma parole a ce vieux Simonin.

JEANNETTE.

Mais peut-être que ce vieux Simonin se voyant un tel rival, ne seroit pas éloigné de vous la rendre?

MATHURINE rêvant.

C'est impossible... parceque... non, à présent, c'est impossible: il n'y auroit qu'une chose... mais ce seroit un hazard si extraordinaire!...

PAULINE vivement.

Quel hazard, ma mère?

6

MATHURINE.

Ça ne ce peut pas.

JEANNETTE vivement.

Tout se peut; dites-nous donc....

MATHURINE la fixant.

Ce seroit que ce jeune homme se trouvât précisément être le neveu de M Simonin.

PAULINE ET JEANNETTE.

Son neveu!

MATHURINE.

Ah! ma chère Jeannette, s'il l'étoit!..

JEANNETTE toute émue.

Eh bien, s'il l'étoit, madame Mathurine?

MATHURINE.

S'il l'étoit, ma ère Pauline?

PAULINE vivement et émue.

Il ne l'est pas; mais dites toujours, ma mère, qu'est-ce qu'il en arrivroit s'il l'étoit?

MATHURINE.

S'il l'étoit, et qu'il sût te plaire.. tu pourrois fort bien l'avoir aujourd'hui pour époux.

PAULINE a mi-voix.

Jeannette!

JEANNETTE de même.

Mam'selle! (haut) ma fine, je ne pouvons nous en taire: eh bien oui, c'est le neveu de monsieu Simonin.

MATHURINE vivement.

Je l'avions deviné (à part) son neveu est devenu amoureux de ma fille il chérit son neveu; il ne voudra pas li faire de la peine, et il sera obligé de me payer le montant de son billet.

PAULINE.

Mais, ma mère, dites-nous donc.....que puis-je espérer?

MATHURINE vivement.

Tout; et c'est de toi à présent que dépend la réussite

PAULINE.

Que faut-il faire?

MATHURINE.

Il faut qu'en fille docile, lorsque, devant témoin, je t'offrirai Simonin pour époux, tu l'acceptes tout de suite, comme si ça te faisoit grand plaisir.

PAULINE.

Mais, ma mère.....

MATHURINE avec sévérité.

Eh bien, quoique c'est, Mam'selle?

PAULINE.

Me voila dans un grand embarras; Simonin exige que je le refuse.

MATHURINE.

Il l'exige?

JEANNETTE.

Oui vraiment!

MATHURINE.

Ah! il exige que tu.. voyez vous la finesse.. raison de plus pour que tu l'acceptes... ah, il l'exige!

PAULINE.

Il m'en a fait prier par son neveu.

MATHURINE.

Prier par son neveu? bon; il a peur..... l'excellente journée! comme il va être pris!.., mais chut! le voici.... voici tout le monde... faisons semblant de rien. souviens toi de ce que je t'ai dit; songe bien que si tu ne commences pas par accepter Simonin, point de mariage avec son neveu.

JEANNETTE.

Entendons-nous. faut donc accepter l'un pour épouser l'autre?

MATHURINE vivement.

Oui, oui, oui... il approche; rangez vous là, et songez à m'obéir.

SCÈNE XVII.

MATHURINE, PAULINE, JEANNETTE, GROSPIERRE. SIMONIN faisant des politesses affectées à Dulis et feignant de ne le pas connoître; PAYSANS; DULIS feignant de traiter Simonin comme un étranger.

6

CHŒUR de Villageois et Villageoises.

Andante con moto

Cors en fa.

Flutes.

Bassons.

I^r.Violon.

2^d.Violon.

Alto.

Basse.

unisson

Col I^o.

Simonin faisant des politesses affectées à
Dulis et feignant de ne pas le connoitre.

Passez, monsieur,   passez, monsieur,   passez, je vous sup-

6

_pli___œ; je vous d'vons cette po_li_tess'_la. prends donc l'air plus résolu qu'ça.

Flutes
unisson

Mathurine

Dulis   j'ons ben de_vi_né   je_pa_

non;après vous,   __ non;après vous, non; a_près vous, je vous en

passez, monsieur,   passez,monsieur,   je   vous   sup___

ren _ dent té _ moi _ gnage d'ce qui va se passer i _ ci.

cres

pour qu'ils rendent _

té _ moi _ gna _ ge de c'qui va se passer i _ ci je les en prions aus _ si

Chœur   H. Contres   nous ren_

H.   Tailles   nous ren_

B. _ Tailles _ nous rendrons témoi _

6

.drons témoi.gna - - - ge de ce qui va se passer i . ci   nous ren.

.drons témoi.gna   nous ren.

.gna ——————— ge de ce qui va se passer i . ci nous rendrons témoi . . .

Les femmes des Mathürine, Pauline, et Jeannette.

Chœurs avec et Jeannette.

Simonin

de ce qui va se pas_

drons témoï_gna _ _ _ ge de ce qui va se passer i_ci de ce qui va se pas_

ge _ de ce qui va se passer i_ci de ce qui va se pas_

gna ge de ce qui

Simonin
Appre _ nez   que j'venons tous deux nous présen _

ter pour votre. fil _ le: comme moi mon _ sieur   la trouve gen _

til le; il dit mêm' qu'il l'épou_sra mieux. je n'en crois rien je n'en crois

crés fz p fz

rien. j'sommes un peu vieux; j'sommes un peu vieux; mais j'ons d'lar_

fz fz

Cors

soli

F

P

crés

F

crés

F   P

Col Basso

gent et vot' promesse mais j'ons d'l'argent et vot' promesse ça valons mieux que d'la jeunes _ _ se

crés

soli

Dulis   tendrement

l'Amour sin _ cère et _ ti _ _ mide me sert d'ex _ cuse et _ de _

P

guide. com_bien je serois heu_reux si je parve_nois à plai_ re à Pau_ line ainsi qu'a sa

mè _ _ re! ce jour com_ble_ _ roit com_ble _ roit tous mes

voux.   ce jour comble-roit çe   jour   com-ble-roit   comble.

cres

cres F   fz   P   fz   P

Col I°.

Col Basso.

Simonin feignant la colère

-roit ——————— ;tous mes   voeux.   j'ons la parol'de Ma-thu-

cres F   fz   P   fz   P

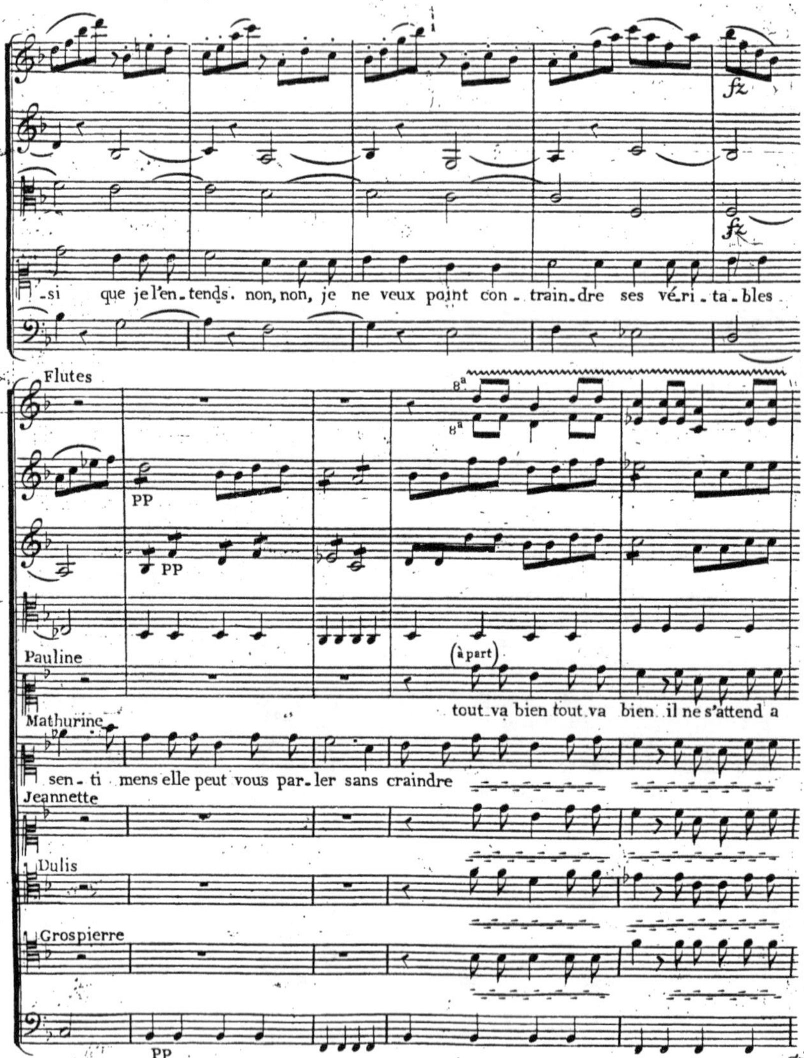
fz
fz
si que je l'en_tends. non, non, je ne veux point con_train_dre ses vé_ri_ta_bles
Flutes
8a
8a
PP
PP
(à part)
Pauline
tout va bien tout va bien il ne s'attend a
Mathurine
sen_ti mens elle peut vous par_ler sans craindre
Jeannette
Dulis
Grospierre
PP

loco

cres

F P   F P

F P   F P   F P

.tez   ac-cep - te

Dulis bas à Pauline

refusez   refusez

Simonin

chut! chut!   paix!   chut! chut!   paix!.. Pauline pronon-

chut! chut!   paix!   chut! chut!   paix!.. Pauline pronon.

F   PP   F P   cres

6

6

Simonin

non je n'y puis rien com - prendre tu n'as pas

(bas à Dulis)

Flutes

Bassons

su lui faire en - tendre eh mais Pau - line y pen - sez vous c'est moi q'vous

6

vou _ lez pour é _ poux   c'est moi q'vous vou lez pour é _ poux   comment ça

Col Basso

peut-il vous sur prendre vous venez bien tousde l'en _ tendre oui mon sieur Simonin c'est

vous c'est vous quelle choi_sit pour son é - poux c'est vous quelle choi_sit pour son é -

Col Basso

Dulis (à part)

_poux non non je n'y puis rien com - prendre ce change - ment doit me sur - prendre

Bassons

(Simonin)

ce n'est pas moi comment c'est vous qu'elle choi_sit pour son é - poux qu'elle choi_

6

Pauline (à part)

cé ré _ fus doit bien les sur _ prendre ah! si Du _ lis pouvoit m'en _

_ si t pour son é _ poux

Flutes

tendre c'est lui, c'est lui... non, non c'est vous que je choi _ sis pour mon é _

_poux c'est vous que je choi_sis pour mon é _ poux.   ce re_fus   doit bien   les   sur _ _

Mathurine_

comment ça peut - il   vous   sur _ _

Jeannette et toutes les femmes du chœur

oui nous ve_nons   tous   de   l'en _ _

Dulis

non non je   n'y   puis   rien com _ _

Grospierre_

oui nous ve _ nons   tous de   l'en _ _

Simonin

non non je   n'y   puis   rien com_ _

Hautrecontre

oui nous ve _ nons   tous de   l'en _ _

Taille

oui nous ve _ nons   tous de   l'en _ _

Basse taille

oui nous ve _ nons   tous   de   l'en _ _

prendre ah! si Du_lis pou_voit m'en_tendre   ce re_fus doit bien les sur-

prendre vous venes bien tous de l'en_tendre vous venes bien tous de l'en ---

-tendre pour époux c'est vousqu'el' veut prendre   à chacun nous al_lons ap_

prendre ce change_ment doit vous sur_prendre   ce n'est pas moi comment c'est

tendre pour époux c'est vousqu'el' veut prendre   à chacun nous al_lons ap_

prendre on n'a pas su lui faire en'tendre eh mais Pau_line y pen___sez

-tendre pour é_poux c'est vousqu'el' veut prendre   à chacun nous al_lons ap_

     à chacun nous al_lons ap_

tendre pour époux   à chacun nous al_lons ap___

prendre ah! si Du_lis pou_voit m'en_ten _ dre c'est lui c'est lui non

ten_dre oui mon_sieur Simo_nin c'est vous qu'elle choisit pour son é _

prendre qu'elle vous choisit pour é _ poux à cha_cun nous allons ap _

vous qui le choi sis sez pour é poux ce n'est pas moi

prendre qu'elle choisit pour son é _ poux à cha_cun nous allons ap _

vous c'est moi q'vous vou_lez pour é _ _ poux eh mais Pauli

prendre qu'el le vous veut pour son é _ poux à cha_cun nous allons ap _

prendre

prendre qu'elle vous choi_sit pour é _ _ poux

non c'est vous que je choi-sis pour mon é-poux que je choi-sis pour mon é-

poux qu'elle choisit pour son é - poux qu'el - le vous veut pour son é-

prendre qu'elle vous veut pour son é - poux qu'el - le choi-sit pour son é-

comment c'est vous qui le choisissez le choisis - sez pour votre é-,

prendre qu'elle vous veut pour son é poux qu'el le vous choisit pour é

-ne y pensez vous c'est moi c'est moi q'vous voulez pour é-

prendre qu'elle vous veut pour son é - poux qu'el - le vous veut pour son époux   c'est vous   c'est vous

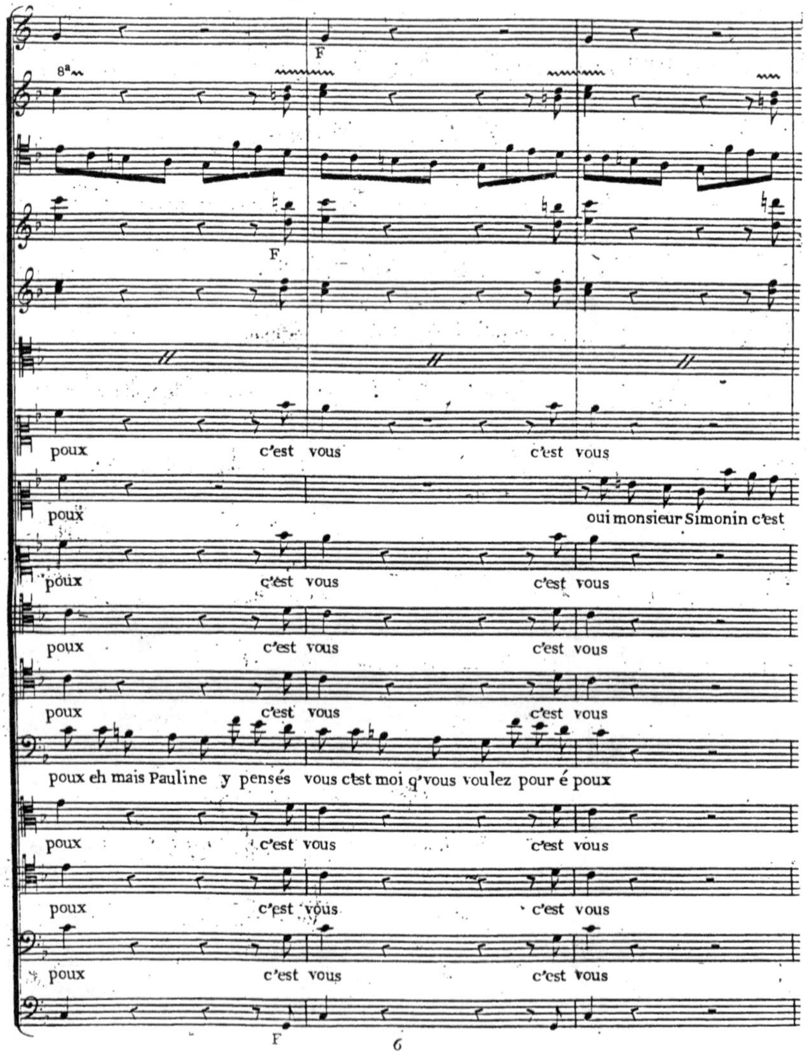

poux   oui monsieur Simonin c'est

poux   c'est vous   c'est vous

poux   c'est vous   c'est vous

poux   c'est vous   c'est vous

poux eh mais Pauline y pensés vous c'est moi q'vous voulez pour é poux

poux   c'est vous   c'est vous

poux   c'est vous   c'est vous

poux   c'est vous   c'est vous

pren - dre ah! si Du - lis pou - voit m'en-ten-dre ce re-

pren - dre vous venez bien tous de l'en - ten-dre comment ça

ten - dre pour époux c'est vous qu'ell'veut prendre oui nous ve-

pren - dre ce changement doit me sur - prendre

ten - dre pour é poux c'est vous qu'ell'veut prendre oui - nous-ve-

-dre tu n'as pas su lui faire en - - - - - ten - - - - - dre

ten - dre pour époux c'est vous qu'ell'veut prendre oui nous ve-

-dre pour époux c'est vous qu'ell'veut pren - - - - dre oui nous ve-

fus doit bien les sur - - pren - - - - - - - - - dre ah! si Du -

peut il vous sur - pren.dre vous venez bien tous de l'en - - ten - dre oui c'est

_nons tous de l'en - - - ten - - - - - - dre a cha - - -

non non je n'y puis rien com - prendre comment c'est

_nons tous de l'en - ten.dre pour époux c'est vous qu'elle veut prendre à cha - -

non je n'y puis rien com - prendre eh! mais Pau -

_nons tous de l'en - ten.dre pour époux c'est vous qu'elle veut prendre à cha - -

FF

FF

FF

FF

.lis' ah! si Du_lis pouvoit m'en _ ten_dre c'est vous que je choi_sis pour mon é_

_vous oui c'est vous qu'el_le choi_sit qu'el_lè choi_sit pour son é_

_cun nous al _ _ lons nous allons ap _ pren_dre qu'el _ _ le vous veut pour son é_

_vous comment c'est vous qui le choi_sis _ sés qui le choi_sis _ sés pour votre é_

_cun nous al _ _ lons nous allons ap _ pren_dre qu'el _ _ le vous veut pour son é_

_line y pensés vous c'est moi q'vous vou_lés c'est moi q'vous vou_lés pour é_

_cun nous al _ lons nous allons ap _ prendre qu'el _ le vous veut pour son é_

FF 6

poux c'est vous que je choi _ sis pour mon é _ poux pour mon é _ poux pour mon é _ poux

poux qu'el _ le choi _ sit pour son é _ poux pour son é _ poux pour son é _ poux

poux qu'el _ le vous veut pour son é _ poux pour son é _ poux pour son é _ poux

poux qui le choisis _ sés pour votre é _ poux pour é _ poux pour é _ poux

poux qu'el _ le vous veut pour son é _ poux pour son é _ poux son é _ poux

poux c'est moi c'est moi c'est moi q'vous vou _ lés pour é _ poux pour é _ poux pour é _ poux

poux qu'el _ le vous veut pour son é _ poux pour son é _ poux pour son é _ poux

poux qu'el _ le vous poux

poux qu'el _ le vous veut qu'elle vous veut pour son é _ poux pour son é _ poux pour son é _ poux

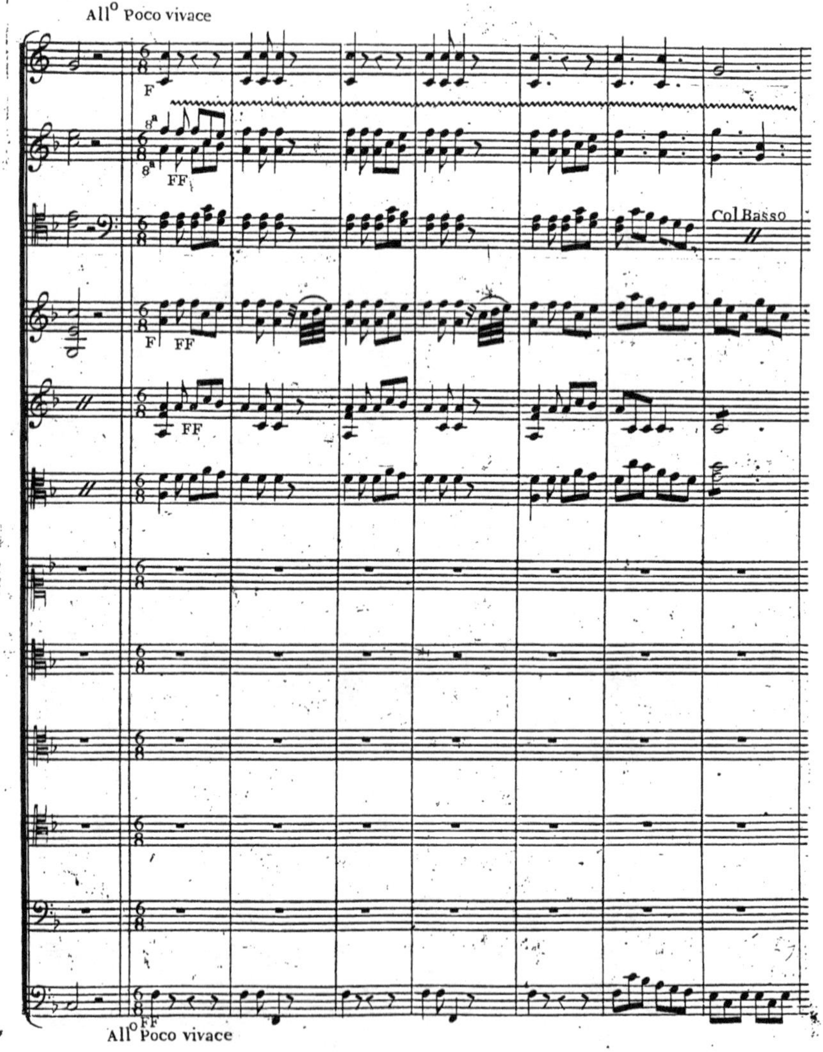
All° Poco vivace
F
8a
8a
FF
Col Basso
F
FF
FF
FF
All° Poco vivace

toutes les femmes ensembles

qu'il est heu _ _ reux,   qu'il est joy _ _

Dulis et Grospierre

qu'il est heu _ _ reux,   qu'il est joy _ _

H Contre

qu'il est heu _ reux,   qu'il est joy _ eux,

H Taille

qu'il est heu _ reux,   qu'il est joy _ eux,

B Taille

qu'il est heu _ reux,

yeux.   on lit son bon-heur   dans ses yeux.

yeux.   heur   yeux.

yeux.   on lit son bon-heur   dans ses yeux.

yeux.   heur   yeux.

on lit son bon-heur   dans ses yeux.   on lit son bon-

on lit son bon‿

on lit‿son bon‿heur son bonheur dans ses yeux.

‿heur son bonheur dans ses yeux.

on lit son bon_heur dans ses yeux on lit son bon_heur dans ses yeux on lit son bon-

_heur on lit son bon

_heur dans ses yeux

Simonin

vous devi nez au mieux je suis je suis tres joy-

6

Flutes

Col Basso

yeux de cett' alli _ an _ ce c'est bon c'est bon c'est bon c'est bon   re _ _ _ _ _ ce _ _ _ _

Cors

Flutes

Bassons

Jeannette

Grospiere

j'vous font not' compliment tous deux;

j'vous font not'

vez'   mes a dieux.

tous bien joy_eux   ils   sont tous —   bien   joy-

_vez   nos a - dieux   re - - - ce _ vez   nos   a

Simonin

finissez finis_sez finissez finis_sez je vous fais mes a_dieux je vous fais mes a_

_vez   nos a - dieux   re - - - ce - vez   nos   a-

_vez   nos a - dieux   re - - - ce - vez   nos   a-

_vez   nos a - dieux   re - - - ce - vez   nos   a-

ils _ sont tous _ bien _ joy _ eux ils sont tous bien joy_

re _ _ _ _ _ ce _ vez _ nos _ a _ dieux re_ce _ vez nos a _

sez c'est assez c'est assez je vous fais mes a dieux je vous fais mes a _ dieux je vous fais mes _ a _

re _ _ _ _ ce _ vez _ nos _ a _ dieux re_ce _ vez nos a _

re _ _ _ _ ce _ vez _ nos _ a_dieux re_ce _ vez nos a _

re _ _ _ _ ce _ vez _ nos _ a _ dieux re_ce_vez nos a _

_eux   ils sont tousbienjoy_eux

_dieux re_ce_ vez nos a_dieux

Sur la finale du Chœur: Grospierre, Jeannette, les hommes et les femmes des
Chœurs sortent.

dieux   je vous fais mes a_dieux

dieux   re_ce _ vez nos a_dieux

dieux re_ce _ vez nos_a_dieux

6

SIMONIN à son neveu.

Parle donc un peu toi : est-ce qu'elle ne t'avoit pas bien promis de me refuser?

DULIS.

Sans doute, et je ne sais pourquoi......mais après tout, que vous importe qu'elle accepte?pour tout terminer, refusez la,vous,.

SIMONIN.

Pardieu! v'là encore un beau conseil qu'il vient me donner là.

PAULINE bas à Mathurine.

Si vous le permettez, ma mère, je vais à présent apprendre à Simonin la vérité. ,

MATHURINE bas.

Ce n'est pas là mon compte. haut. eh bien, qu'est-ce que vous en dites, Monsieur Simonin?

SIMONIN impatienté.

Moi, je dis que tout cela est bel et bon; mais que votre fille ne veut pas m'épouser, et qu'elle ne le veut pas, parce que... Dulis le tire par son habit.

MATHURINE haussant la voix.

Et pourquoi ne le voudroit-elle pas, s'il vous plaît? elle le veut... n'est-il pas vrai que tu le veux?

SIMONIN l'emmenant sur le bord du théâtre.

Parlons bas, Madame Mathurine...ce n'est pas un crime après tout... mais l'on sait ce que l'on sait; elle voyoit souvent à Paris un jeune homme!

MATHURINE bas et finement.

Ouidà!...c'est peut-être le même qui ce matin vous a parlé, monsieur Simonin?...

SIMONIN a part.

Ouf! bas et très près. et si votre fille étoit devenue amoureuse de ce jeune homme, Madame Mathurine?

MATHURINE finement et très près.

Et si ce jeune homme étoit votre neveu monsieur Simonin?

SIMONIN vivement.

Vous me devriez toujours la somme, parce que ce seroit votre fille.....

les amans, qui s'étoient reculés, s'approchent pour écouter.

MATURINE

Qui vous accepte, et que c'est votre neveu qui...

SIMONIN haut et en colère.

Qui ira au diable. .

MATHURINE de même.

A la bonne heure.

SIMONIN.

D'après cela, tout reste donc.....

MATHURINE.

Comme nous avons dit.

SIMONIN bas.

Vous vous en repentirez.

MATHURINE bas.

Vous en serez la dupe: une fille qui ne vous aime pas....

SIMONIN.

Un mari qui la rendra malheureuse!

MATHURINE.

Ça m'est égal.

SIMONIN.

Je m'en moque.

MATHURINE.

Ah! vous le voulez?

SIMONIN.

Ah! vous le voulez?

PAULINE bas.

Ma mère....

JEANNETTE bas.

Madame....

DULIS bas.

Mon oncle....

MATHURINE ET SIMONIN frappant du pied.

Paix!

SIMONIN gayment en apparence, à Mme Mathurine.

A quand la noce?

MATHURINE.

Le plutôt vaudra le mieux.

SIMONIN.

Aujourd'hui.

MATURINE.

Ce soir.

SIMONIN avec dépit.

Tout-à-l'heure....quel plaisir! (bas.)convenez pourtant que vous êtes un peu attrapée, Madame Mathurine?

MATHURINE de même.

Avouez que vous n'êtes pas aussi content que vous voulez le paroitre, M. Simonin?

SIMONIN. 181

Moi! je suis au comble de la joie....... ha, ha, ha! (il rit fortement.)

MATHURINE riant forcément.

Et moi je ris de toutes mes forces. ha, ha, ha! (avec humeur à sa fille, et à Jeannette.) riez aussi vous autres, je l'ordonne.

PAULINE pleurant à moitié.

Oui, ma mère, je ris.

JEANNETTE de même.

Voyez plutôt.

SIMONIN.

Je vais chez le Notaire.

MATHURINE.

Et moi j'y cours.

ils se rencontrent au fond.

SIMONIN.

Ma chère belle-mère!... mais embrassons-nous donc......

MATHURINE.

De tout mon cœur, mon cher gendre. (a part.)le maudit vieillard!

SIMONIN à part.

La méchante femme!

PAULINE.

Ma mère, vous m'aviez dit....

MATHURINE.

Tais-toi.

DULIS à son oncle.

Votre promesse....

SIMONIN.

Je n'écoute rien.

MATHURINE.

Pauline, songez que voilà votre mari, et que ce soir..(bas.)ne t'afflige pas; s'il est bien épris,c'est à lui de faire renoncer son oncle à t'épouser.

SIMONIN.

Ne reparois plus ici, ou crains...(bas.)si tu es aimé comme tu le dis, elle désobéira à sa mère et refusera de signer. (haut.) à la noce, à la noce.

MATHURINE.

Des violons....des violons....comme nous rirons!... ha, ha,ha!

SIMONIN.

Comme nous danserons! ha, ha, ha!

ils s'en vont bras dessus, bras dessous, et faisant des
signes aux amans pétrifiés.

JEANNETTE à part.

Suivons les, et tâchons de savoir... il y a quelque
chose de singulier... mais je le saurons... oh! je l'ai
mis dans ma tête; je le saurons. *elle sort.*

SCÈNE XVIII.

PAULINE, DULIS, tous deux étonnés de se voir
seuls.

PAULINE.

Ils nous laissent tous; je ne conçois pas...

DULIS.

Ni moi. mais enfin, cruelle Pauline, dites-moi
pourquoi tout-à-l'heure....

PAULINE.

Je n'en ai pas le tems. ah, Dulis!..... ne nous
querellons pas; profitons plutôt; oui....

DUETTO

le ser - - ment de nous ai _ mer de nous ai _ mer sans ces - se de nous ai _

le ser _ _ ment.

mer de nous ai _ mer de nous ai _ mer sans

de nous ai _ mer de nous ai _ mer sans

hé-las! si, mal-gré ma pro... mes _ se, ...Simo-

est-ce ca-pri-ce est-ce foi bles-se

nin a re-çu ma foi, ma mè-re m'en a fait la loi;

_tons   redi-sons   répé-tons   redi-sons redisons redi_sons   Profi

répétons   redisons   répétons   redisons redi-sons   Profi

SCENE XIX.

LES PRÉCÉDENS, GROSPIERRE, JEANNETTE.
entrant chacun de leur côté.

GROSPIERRE.

Ecoutez, je vais tout vous expliquer.

JEANNETTE.

Je vous expliquerai aussi....

GROSPIERRE.

J'ons appris chez le Notaire....

JEANNETTE.

Le Notaire m'a raconté....

GROSPIERRE.

C'est un billet, un traité qu'ils ont fait.

DULIS.

Un billet?

GROSPIERRE.

Oui, une promesse de dix mille francs...si.M.
étoit la cause.... si Mlle ne vouloit pas...vous saurez
tout ça..... allez vous-en.

DULIS.

Quel discours! dis-nous avant....

GROSPIERRE.

Oui, sans doute...mais d'abord partez; l'un d'un
côté, l'autre de l'autre; assez près pour que vous
puissiez nous entendre, et assez loin pour qu'on
ne puisse pas vous appercevoir.

PAULINE à Jeannette.

Mais encore faut-il nous instruire?

JEANNETTE à Pauline.

C'est pas nécessaire....vous dans le petit gre-
nier, tout là-haut, bien cachée; laissez la porte du
jardin ouverte... là.... comme si vous vous étiez
sauvée de la maison.

GROSPIERRE.

V'la ce que c'est.

JEANNETTE à Pauline.

Et pis une lettre d'adieux pour jamais...des
larmes! du desespoir!:...... tout ce que vous
saurez de plus beau.

PAULINE

Je devine à peine....

JEANNETTE.

C'est égal, pourvu que vous fassiez ce que
je vous ai dit.

6

DULIS à Grospierre.

. Je voudrois te demander....

GROSPIERRE le repoussant.

D'un peu plus loin, si vous le trouvez bon.

DULIS.

Où irai-je?...la?... (voulant suivre Pauline. Jeannette le chasse.) non, sur cet arbre. (il monte.)

GROSPIERRE.

Pas mal! encore un étage, s'il vous plaît?... bien. il rit. vous voilà comme l'oiseau sur la branche: mais ne gazouillez pas trop haut, parce que... (à Jeannette.) a présent, concertons notre plan d'attaque. (sur le devant du théâtre, avec beaucoup d'importance, lentement d'abord cette scène, et s'animant par degrés.) ce qui empêche l'oncle et la mère de nos jeunes gens de consentir au bonheur de nos jeunes gens...

JEANNETTE.

Ce sont les deux billets.

GROSPIERRE.

Qu'ils ont fait ce matin.

JEANNETTE.

Mon projet est donc....

GROSPIERRE.

C'est aussi le mien...

JEANNETTE.

De profiter de l'éloignement....

GROSPIERRE.

Des amoureux....

JEANNETTE.

Pour persuader à Mathurine......

GROSPIERRE.

Pour faire croire à Simonin....

JEANNETTE.

ceci plus vite et par gradation.

Que l'obstacle au mariage....

GROSPIERRE

Venant à présent....

JEANNETTE.

De la fille...

GROSPIERRE.

Du neveu....

JEANNETTE.

Ce seroit à elle

GROSPIERRE.

Ce seroit à lui.....

JEANNETTE.

A payer.....

TOUS DEUX.

Le billet.— Le billet.

JEANNETTE appuyant sur les mots.

Qu'il est donc de son intérêt....

GROSPIERRE de même.

Que c'est de son avantage...

JEANNETTE.

De renoncer au plutôt...

GROSPIERRE.

De détruire à jamais....

JEANNETTE.

Le traité....

GROSPIERRE.

Qui les lie....

TOUS DEUX avec une grande joie.

C'est cela.— C'est cela.

GROSPIERRE.

Et puis le mariage de Pauline et puis le nôtre, et..

JEANNETTE regardant et le copiant.

Et puis, et puis Mme Mathurine qui vient de ce côté. (ils se retirent un peu en arrière pour ne pas être vus.)

SCÈNE XX.

LES PRÉCÉDENS, MATHURINE revenant de chez le Notaire.

MATHURINE.

Simonin est plus tenace que je ne croyois!... que vais-je dire à Pauline? ce neveu, il faut en convenir, seroit un mari bien plus avenant...ah! sans ce maudit traité!...... entrons. (elle appelle au-dedans.) Pauline?

JEANNETTE se rapprochant.

J'espère qu'alle est si ben cachée......écoutons... (elle écoute à la porte.)

MATHURINE au-dedans.

Pauline? Pauline? où es-tu donc?

JEANNETTE contente.

La ruse opere.

MATHURINE au-dedans. on entend les portes qu'elle ouvre, les chaises qu'elle renverse.

Ma fille? Pauline? Jeannette? ma fille? où sont-elles? Jeannette?

, J'y vais. a Grospierre. je me charge de Mathurine; je te recommande Simonin.

SCÈNE XXI.

SIMONIN, GROSPIERRE.

SIMONIN.

v'l'a le moment; si all' ne veut pas en démordre, faudra payer, ou, si j'epouse, désoler ce jeune homme: c'est ben désagréable, pourtant.

GROSPIERRE s'approchant.

St, st! monsieur Simonin.

SIMONIN avec humeur.

C'est bon, mon ami; je sais ce que vous voulez; je vous ferons avertir quand il en sera tems.

GROSPIERRE

Il n'est pas question de ça. c'est ben autre chose; allais!

SIMONIN.

Quoique c'est donc?

GROSPIERRE

Ce jeune homme... votre rival.

SIMONIN.

Eh bien?

GROSPIERRE feignant.

Eh bien, monsieur.... il vient tout-a-l'heure... il vient en ce moment même : . . . . . il vient d'enlever Pauline!

SIMONIN.

Enlever Pauline! lui? ça n'est pas possible.

GROSPIERRE.

Voulais-vous que je vous le fasse dire par tous ceux?..

SIMONIN encore plus éffrayé.

Il y avoit des témoins?

GROSPIERRE:

Oh! pardine, beaucoup! et je vais les...

SIMONIN l'arrêtant.

Non, non, je te crois..... mais écoute...n'est-ce pas plutôt elle qui a voulu être enlevée par ce jeune homme?

GROSPIERRE feignant.

Elle? oh! mon dieu, elle a résisté, mais résisté... comme on ne résiste pas! (il se détourne p' rire)

SIMONIN.

C'est donc lui? je suis perdu.

Oh bien, lui!...il n'a rien voulu entendre:il l'a conduit chez sa tante;une chaise de poste qui étoit la,et fouette cocher. oh! mais on peut l'attraper;et quand M^d Mathurine saura... allons lui dire.

SIMONIN éffrayé.

Non,non,rien ne presse; à part. et s'il ne tenoit qu'à moi,elle ne le sauroit jamais. haut. sois tranquille,je me charge de tout.je saurai lui apprendre quand il en sera tems.tout troublé. va-t'en,mon ami;va-t'en,je t'en prie;ne parle- à personne: fais boire les témoins,bois avec eux, bois à ma santé,bois à toujours;je compte sur ta discrétion; il lui donne de l'argent j'y compte, et je saurai la recompenser.

GROSPIERRE comptant l'argent, et à part.

Il faut qu'il ait bien peur, car il est bien genereux.

SIMONIN le poussant.

Va-t'en donc, va-t'en.

GROSPIERRE s'amusant et revenant toujours en se retournant.

Mais c'est ste pauvre mere

SIMONIN le poussant.

J'entends bien, j'entends bien.

GROSPIERRE se retournant.

Et pis ste jeune fille...

SIMONIN le poussant.

Sans doute....

Même jeu de théâtre sans qu'on entendent ce qu'ils disent.

SCÈNE XXII ET DERNIÈRE.

LES PRÉCÉDENS, MATHURINE, JEANNETTE.

Pendant que Simonin est au fond avec Grospierre, Mathurine et Jeannette sortent de la maison. Mathurine s'appuie sur Jeannette, et tient à sa main. une lettre. Jeannette marche lentement, la soutient en riant sous cape.

MATHURINE.

Sa haine pour Simonin est la cause de sa fuite.

JEANNETTE appuyant cette phrase.

Nous le voyons bien,puisque dans sa lettre, où elle annonce qu'elle va retourner chez sa tante, elle renonce pour jamais à Dulis,pourvu qu'elle ne soit pas la femme de Simonin.

MATHURINE.

C'est affreux; je som'prise dans mes propre
filets, comme il va triompher! le voici...laisse-
nous. (elle cache la lettre.)

Mathurine et Simonin ce font des révérences et s'ob-
servent d'un air très embarrassé. Grospierre et Jeannette,
par derrière eux, se sont rencontrés et font des
signes. Mathurine et Simonin se retournent par hazard,
les voient, et alors ils s'en vont lentement sans rien
dire, et se tournant le dos sans faire semblant de rien.
Jeannette entre furtivement dans la maison, Grospierre
sans être vu grimpe sur l'arbre où est Dulis.

SIMONIN à part.

Je crois qu'elle ne sait rien, car elle a
l'air triste.

MATHURINE à part.

Ho, ho! il seroit plus insolent s'il savoit ce
qui ce passe.

SIMONIN à part.

Si je pouvois profiter de l'avis qu'on vient
de me donner pour ravoir mon billet? car c'est
bien mon neveu qui est la cause...

MATHURINE à part.

S'il ne sait rien encore, je pourrions retirer
mon engagement; car enfin c'est ma fille qui s'oppose...

SIMONIN.

Dépêchons-nous de parler, afin d'être le premier.

MATHURINE.

Prenons les avances, de peur qu'il n'apprenne,
et sachons bien vite à quoi nous en tenir eh bien!
monsieur Simonin, c'est donc sans regret que
vous épousez Pauline?

SIMONIN hésitant.

Oui, eh, oui!...et vous, madame Mathurine c'est
bien aussi sans aucune peine que vous ter-
minez cette affaire?

MATHURINE.

Mais... sans doute.... comment pourrois-je?..
vous savez ben le traité qu'ici ce matin....

SIMONIN.

Oui, ces billets?..J'aurions aussi ben fait peut-
être de ne pas nous lier comme ça....

MATHURINE.

En effet, c'etoit un peu....

SIMONIN vivement.

Imprudent, pas vrai?.. très imprudent, on aime son
neveu... on l'aime...ça, c'est vrai, et pour de l'argent, le
désespérer!....il y a la quelque chose qui me...(il soupire)

MATHURINE.

Et moi donc, qui n'ai qu'une fille! pour dix
mille francs, faire son malheur! Je sens que si
je ne me retenois...

SIMONIN à part.

Elle y vient.

MATHURINE à part.

Il y arrive. haut. tenez, le v'là votre billet.
elle le tire de sa poche.

SIMONIN de même.

V'la aussi le vôtre.

MATHURINE.

Je le reconnois ben.

SIMONIN.

Ma foi, vous n'auriez qu'à dire un seul mot.

MATHURINE.

Ah! vous n'avez qu'a faire un signe.

SIMONIN.

Et sur le-champ...

MATHURINE.

Tout aussitôt....

SIMONIN.

Je déchirerai....

MATHURINE.

Je déchire.....

TOUS DEUX.

Voulez-vous?hin!...faut-il?...faut-il?...dites....
oui? oui? (avec joie.) c'est fait.

LES AMANS à droite et à gauche.

C'est fait?

TOUS LES PAYSANS au fond.

C'est fait.

SIMONIN confondu.

Il sons ici! comment! mon neveu n'a point
enlevé Pauline?

MATHURINE.

Pauline n'est point allée chez sa tante?

GROSPIERRE.

Eh, mon dieu non! la fuite, l'enlevement,
tout ça c'est de notre façon...

PACLINE.

Oui, nous vous jurons.....

MATHURINE.

Les traîtres!

SIMONIN.

Les Fripons! se rapprochant peu à-peu. bas. ah ça madame Mathurine, nous nous sommes bén mis en colère.... a présent, les marirons-nous?

MATHURINE bas.

C'est ce que nous avons de mieux à faire, et tout de suite.

SIMONIN à son neveu, haut et d'un ton sévère.

Qu'on s'approche.

MATHURINE de même.

Et qu'on écoute.

SIMONIN.

Pour vous punir....

MATHURINE à Jeannette et Grospierre.

Et tous les quatre au moins. ils soupirent.

SIMONIN.

Je vous ordonne.....

MATHURINE.

A l'instant même.

SIMONIN très vivement avec gaîté et bonté.

De vous aimer, de vous marier.

MATHURINE de même.

Et de nous embrasser comme vos meilleurs amis.

Les Quatre Amans embrassant Simonin et Mathurine.

Mon oncle.—Ma mère.—Mr. Simonin.—Mme Mathurine. ils les embrassent.

SIMONIN attendri, à Mathurine.

Bien! bien!...il faut l'avouer...ça fait encore plus de plaisir que de gagner dix mille francs:

CPSIA information can be obtained
at www.ICGtesting.com
Printed in the USA
BVHW092211191118
533512BV00001B/248/P

9 780428 681104